Pueblos indígenas del SUROESTE

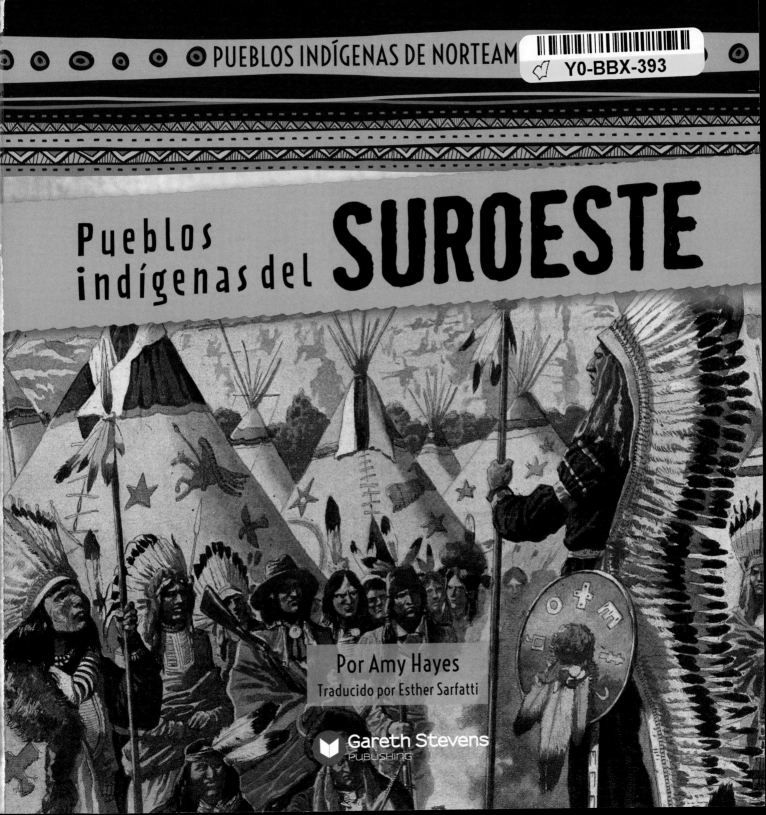

Por Amy Hayes

Traducido por Esther Sarfatti

Gareth Stevens
PUBLISHING

Please visit our website, www.garethstevens.com. For a free color catalog of all our high-quality books, call toll free 1-800-542-2595 or fax 1-877-542-2596.

Cataloging-in-Publication Data

Names: Hayes, Amy, author.
Title: Pueblos indígenas del Suroeste / Amy Hayes, translated by Esther Safratti.
Description: New York : Gareth Stevens Publishing, 2016. | Series: Pueblos indígenas de Norte América | Includes index.
Identifiers: ISBN 9781482452709 (pbk.) | ISBN 9781482452723 (library bound) | ISBN 9781482452716 (6 pack)
Subjects: LCSH: Indians of North America–Southwest, New–Juvenile
  literature.
Classification: LCC E78.S7 H396 2016 | DDC 979.004/97–dc23

First Edition

Published in 2017 by
Gareth Stevens Publishing
111 East 14th Street, Suite 349
New York, NY 10003

Translator: Esther Safratti
Designer: Samantha DeMartin
Editor: Kristen Nelson

Photo credits: Series art AlexTanya/Shutterstock.com; cover, p. 1 Leemage/Universal Images Group/Getty Images; p. 5 Steve Bower/Shutterstock.com; p. 7 (map) AlexCovarrubias/Wikimedia Commons; p. 7 (main) AustralianCamera/Shutterstock.com; p. 9 WorldPictures/Shutterstock.com; p. 11 C.C. Pierce/Wikimedia Commons; p. 13 MIKE NELSON/AFP/Getty Images; pp. 15, 17 Buyenlarge/Archive Photos/Getty Images; p. 19 (main) Michael Ochs Archives/Michael Ochs Archives/Getty Images; p. 19 (turquoise) Alexander Hoffmann/Shutterstock.com; p. 21 Peter V. Bianchi/National Geographic/Getty Images; p. 23 ivanastar/E+/Getty Images; p. 25 Hulton Archive/Archive Photos/Getty Images; p. 27 Frank A. Rinehart/Wikimedia Commons.

Printed in the United States of America

CPSIA compliance information: Batch #CS16GS: For further information contact Gareth Stevens, New York, New York at 1-800-542-2595.

CONTENIDO

Las palabras del glosario se muestran en **negrita** la primera vez que aparecen en el texto.

Unas ruinas
IMPRESIONANTES

El sol pega fuerte en el Parque Nacional Mesa Verde. El aire es caliente y seco. Al pie de un acantilado hay un conjunto de edificios antiguos. Estos edificios forman parte de un pueblo que existió hace mucho tiempo conocido hoy como Cliff Palace (Palacio Acantilado). Aunque puede llegar a hacer bastante calor en esta parte de Colorado, en el interior de los edificios el aire es fresco y agradable.

Estos edificios son apenas una evocación de la historia y la **cultura** de los pueblos indígenas del suroeste de Norteamérica.

Cuando estaba habitado, Cliff Palace tenía unas 150 estancias.

¿Dónde vivía la GENTE?

Las primeras personas que fueron a vivir al suroeste de Norteamérica llegaron a partir del año 9000 a. C. Se asentaron en lugares donde podían cazar y recolectar comida; otras personas, dependiendo de las estaciones, se trasladaban de un lugar a otro en busca de alimento. Actualmente, las zonas donde esta gente vivía forman parte de los estados de Colorado, Utah, Nevada, Nuevo México, Texas, además del norte de México.

Gran parte de esta tierra es calurosa y **árida**. Pero a pesar de tener un clima muy seco, la mayor parte del suelo sirve para el cultivo.

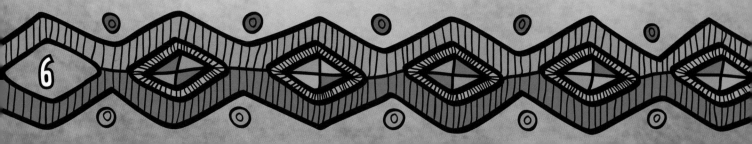

Cómo vivían los pueblos indígenas del Suroeste dependía en gran parte de las condiciones del lugar.

Groenlandia

Canadá

Estados Unidos

México

= Región donde vivía la gente del Suroeste

Cultivando la TIERRA

Muchos de los pueblos más antiguos del Suroeste, como los de la cultura Cochise, cazaban y recolectaban para sobrevivir. Había muchos animales para la caza y muchas plantas para comer. Si resultaba difícil encontrar alimento, un grupo se separaba y se trasladaba a un nuevo lugar.

Alrededor del año 200 a. C., los grupos indígenas del Suroeste habían comenzado a cultivar la tierra. Los pueblos indígenas **ancestrales** o anasazis y las culturas Mogollón y Hohokam construyeron casas **permanentes** y plantaron cultivos como maíz, frijoles y calabaza.

La cultura anasazi tuvo sus raíces en el Suroeste alrededor de 100 y 1600 d. C. Los **descendientes** de este grupo indígena son los actuales indios pueblo. Los anasazis vivieron en moradas, o casas, acantiladas, como las de esta foto.

¿Quieres saber más?

Durante muchos años, los pueblos nativos del Suroeste criaron pavos y perros. Cuando llegaron los españoles, trajeron consigo ovejas, caballos y burros. Los indígenas aprendieron pronto a criar estos animales también.

Creencias
RELIGIOSAS

La **religión** era una parte importante de las culturas indígenas del Suroeste. Cada grupo tenía sus propias creencias, dioses y **tradiciones**, que estaban estrechamente ligados al mundo natural.

Los apaches creían que fuerzas poderosas, como las montañas y ciertos animales, controlaban el mundo. Con frecuencia, alababan y conversaban con estas fuerzas para que fueran benévolos con ellos. Otros grupos, como algunos de los anasazis, creían que hasta la hormiga más diminuta afectaba al **universo**.

Los apaches tienen una ceremonia especial para las niñas cuando pasan a la adolescencia.

¿Quieres saber más?

Los anasazis hacían **ceremonias** para que lloviera y crecieran los cultivos. Muchos de ellos creían que el mundo se acabaría si estas tradiciones no se seguían.

11

La familia **MANDA**

Los pueblos indígenas del Suroeste normalmente vivían y trabajaban en familia. El hombre mayor de la casa era el jefe de familia y tomaba las decisiones. Las familias que trabajaban juntas se llamaban bandas. Cuando había que tomar una decisión, los jefes de todas las familias se reunían para discutir el tema. Cuando varias bandas se unían, se les conocía como una tribu.

Aparte de la familia y los **consejos**, formados por los jefes de las diferentes bandas, la mayor parte de los pueblos del Suroeste no tenía un sistema de gobierno.

Los consejos de nativos americanos todavía se reúnen hoy en día. Al Gore se reunió con el Consejo de Todos los Indios Pueblo en el año 2000 cuando fue candidato a la presidencia de Estados Unidos.

¿Quieres saber más?

Los zunis y los hopis eran matrilineales, lo que significaba que el hombre iba a vivir a la casa de la mujer después de casarse. En estas sociedades, las mujeres eran las jefas de familia, aunque eran los hombres los que formaban parte de los consejos.

13

Hombres y MUJERES

Al igual que muchas otras culturas indígenas del Suroeste, los hombres y las mujeres del pueblo zuni a menudo trabajaban juntos. Por ejemplo, los hombres construían las casas, mientras que las mujeres fortalecían los muros exteriores.

Los hombres se encargaban de las ceremonias religiosas y algunos de ellos se hacían sacerdotes. Los hombres también eran guerreros y luchaban para proteger a su pueblo. Las mujeres se encargaban de criar los animales, cultivar la tierra y cuidar de los niños. Se aseguraban de que todo el mundo tuviera suficiente comida y se ocupaban de los quehaceres de la casa.

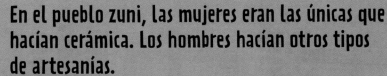

En el pueblo zuni, las mujeres eran las únicas que hacían cerámica. Los hombres hacían otros tipos de artesanías.

¿Quieres saber más?

La mayor parte de los zunis vivían en las riberas del río Grande y el río Colorado.

15

Casas y
ASENTAMIENTOS

En un principio, muchos de los pueblos indígenas del Suroeste fueron nómadas, lo cual significa que se movían de un lugar a otro. Los apaches construían casas pequeñas hechas de maleza y plantas secas que se llamaban *wikiups*. Eran fáciles de construir y de trasladar cuando tenían que mudarse a un nuevo lugar.

Los navajos construyeron casas más permanentes llamadas hogans, con corteza de árbol, lodo, hierba y madera. Los anasazis construyeron casas de adobe: barro cocido al sol hasta ponerse duro.

Las casas de adobe podían tener varios pisos. La gente utilizaba escaleras de mano para ir de un piso a otro.

17

Hermosos y PRÁCTICOS

Los pueblos indígenas del Suroeste fabricaban tejidos, cerámica y **joyas** de vivos colores. Los apaches eran conocidos por las hermosas joyas que hacían de plata y piedras preciosas, como el jade. Los hopis y los zunis eran conocidos por los **motivos** decorativos que usaban en su cerámica.

Los anasazis tenían una larga tradición de **tejer**. Posteriormente, cuando sus descendientes, los pueblos, comenzaron a cultivar algodón, tejer se convirtió en una forma de arte popular. Tejían ropa y mantas de muchos colores y bonitos diseños. Todo lo que los pueblos del Suroeste hacían tenía una finalidad, además de su estética.

En esta foto se aprecian algunos de los trajes tradicionales que usaban los zunis en ocasiones especiales.

¿Quieres saber más?

Incluso las joyas que llevaba la gente de las culturas del Suroeste tenían una finalidad. Se decía que la turquesa, una piedra especial de color azul verdoso, traía felicidad y salud.

Los indios PUEBLO

Al decir "indios pueblo" no nos referimos a un grupo de gente indígena en particular, sino a muchos grupos diferentes. Se llaman indios pueblo por los asentamientos de casas de adobe, o pueblos, que construían. Algunos de los grupos más conocidos son los zunis, los keres y los jemeces.

Cada pueblo tenía una serie de edificios que estaban conectados entre sí, parecido a un edificio de apartamentos. Cada pueblo era una comunidad independiente con sus propios jefes. Una familia normalmente ocupaba una o dos habitaciones en el pueblo.

En inglés también se utiliza la palabra "pueblo" para nombrar a estos indígenas.

Cada pueblo tenía un recinto especial, llamado kiva, donde se celebraban las ceremonias religiosas. Estaba situado por debajo del nivel del suelo, y cuando la gente entraba en él, era como si entrara al mundo de los muertos.

¿Quiénes eran los HOPIS?

Los hopis eran otro de los grupos de indios pueblo. Vivían en una zona llamada Mesa Negra en el norte de Arizona. Igual que otros indios pueblo, los hopis eran agricultores. Cultivaban diferentes clases de maíz, además de calabaza, algodón y tabaco.

La religión jugaba un papel fundamental en la sociedad hopi. El jefe de cada grupo hopi también servía de sacerdote. Una de sus tradiciones religiosas más importantes era la muñeca *kachina*. Cada una de estas muñecas de madera, hechas a mano, representaba a una *kachina*, un espíritu bondadoso, que se presentaba ante los hopi.

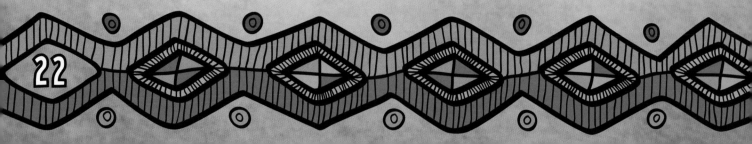

Las muñecas kachina se hacen de la raíz del álamo norteamericano.

¿Quieres saber más?

La palabra "hopi" significa "persona pacífica".

Los cazadores
APACHES

Los apaches eran un grupo nómada que vino originalmente de Canadá. Es probable que llegaran al Suroeste alrededor del año 1100 d. C., y se asentaran incluso en la zona del río Grande.

Los apaches eran expertos guerreros y tenían fama de montar muy bien a caballo. De hecho, es posible que cuando los españoles trajeron caballos a Norteamérica, los apaches fueran los primeros nativos americanos en montarlos. Los apaches cazaban el bisonte ya que su carne les servía de alimento y con su piel hacían ropa. También hacían intercambios con los indios pueblo cuando viajaban por el Suroeste.

Los apaches dependían de los caballos
para viajar, ir a la guerra y cazar.

Gerónimo: un héroe APACHE

Los exploradores europeos llamaron a Norte América el Nuevo Mundo, sin tener en cuenta a los pueblos indígenas que llevaban viviendo en esas tierras durante miles de años. A finales del siglo XIX, Estados Unidos había ocupado gran parte del Suroeste y los indígenas perdieron sus tierras.

Gerónimo era un apache que estaba indignado porque le habían quitado las tierras a su pueblo. Durante muchos años, luchó contra las fuerzas estadounidenses que querían quedarse con las tierras de los apaches. Gerónimo se convirtió en un héroe para su pueblo y también para mucha otra gente del Suroeste.

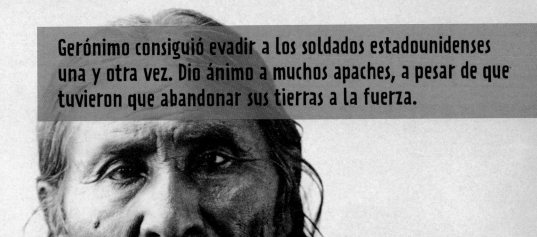

Gerónimo consiguió evadir a los soldados estadounidenses una y otra vez. Dio ánimo a muchos apaches, a pesar de que tuvieron que abandonar sus tierras a la fuerza.

¿Quieres saber más?

Durante el siglo XIX, se obligó a los nativos americanos de todo Estados Unidos a mudarse a reservas, tierras especiales que el gobierno estadounidense les asignó para vivir. Muchas reservas aún existen hoy en día.

Pueblos indígenas del Suroeste HOY

Los indios del Suroeste han tenido que enfrentarse a muchos problemas y han luchado duro para conservar su modo de vida. Muchos hicieron acuerdos con el gobierno de Estados Unidos que el gobierno no ha respetado.

Aun así, todavía quedan esperanzas. El arte de los indígenas del Suroeste se ha vuelto muy popular, y sus artesanías son valoradas por mucha gente alrededor del mundo. Esto contribuye a que se reconozca la importancia de mantener vivas estas culturas. Gracias a este nuevo interés en los modos de vida tradicionales, el futuro parece más prometedor.

Muchos de los grupos indígenas del Suroeste actualmente viven en reservas. Este mapa muestra algunas de las reservas más grandes de Arizona.

Nación Navajo

Reserva hopi

Reserva hopi

Reserva Hualapai

Reserva Hualapai

Reserva hopi

ARIZONA

¿Quieres saber más?

Existen muchos lugares históricos que la gente puede visitar para aprender más acerca de los pueblos indígenas del Suroeste, entre ellos el Parque Nacional Mesa Verde en Colorado y las ruinas de Pueblo Grande en Arizona.

Reserva Fort Apache

San Carlos

Nación Tohono O'odham

Nación Tohono O'odham

Nación Tohono O'odham

GLOSARIO

ancestral: que tiene que ver con los antepasados, o las personas que vivieron antes que otras en una familia.

árido: muy seco, que recibe muy poca lluvia.

ceremonia: un evento que honra o celebra algo.

consejo: un grupo de personas que debe tomar decisiones para un grupo más grande.

cultura: las creencias y tradiciones de un pueblo.

descendiente: el que viene después de otra persona en una familia.

joya: adorno hecho de metal, normalmente con gemas, que se lleva en alguna parte del cuerpo.

motivo: elemento artístico, que podría ser un patrón o diseño.

permanente: algo que dura mucho tiempo.

religión: creencia en uno o varios dioses y la forma en que se les honra.

tejer: el acto o sistema de entrelazar trozos de lana o hilo repetidamente para hacer tela.

tradición: una costumbre usada desde hace mucho tiempo.

universo: el mundo entero, el espacio y las vivencias de la gente.

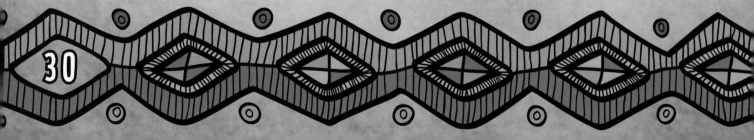

Para más INFORMACIÓN

Libros

Krasner, Barbara. *Native Nations of the Southwest*. Mankato, MN: Child's World, 2015.

Sonneborn, Liz. *The American Indian Experience*. Minneapolis, MN: Twenty-First Century Books, 2011.

Sitios de Internet

National Museum of the American Indian

nmai.si.edu

Aprende más cosas acerca de los muchos pueblos indígenas de Norteamérica.

National Park Service: Mesa Verde

nps.gov/meve/

Planea un viaje a un lugar donde vivieron los antepasados de los indios pueblo.

Textiles of the North American Southwest

smithsonianeducation.org/idealabs/textiles/english/gallery/

Mira fotos de tejidos preciosos hechos por los pueblos indígenas del Suroeste.

ÍNDICE